ACHTSAM & KREATIV

BLUMEN

ÜBER 70 MOTIVE ZUM AUSMALEN UND ENTSPANNNEN

Illustrationen © Shutterstock

tets (Cover); Alexandral (45); Alla.ya (61); Apolinarias (69); Azuzi (25, 47, 49, 103, 111); Daniana (15); DeMih (11, 17, 19, 23, 29, 33, 41, 43, 71); Alexandra Dzh (57, 65); Maria Galybina (105); Hoverfly (121); Regina (5); JJ-Whic (7, 83, 101, 119, 135, 139, 141, 143); Kotkoa (67, 107); Irina Krivoruchko (55, 127); Ela (9); LenLis (131); Leziles (63); Naddya (137); NJCZZ (75); Rin Ohara (77); Ola-la (95); Anna Paff (37); Helga Pataki (13, 35); Natalia Piacheva (53, 79, 89, 117); PinkPueblo (51); A. Raspopova (27); Shokultd (31); Sprout2911 (87, 109, 129, 131, 133); Tets (3, 21, 47, 59, 73, 81, 97, 99, 113, 115, 123, 125); Tofutyklein (39); Ulia-color (93); Wolna-luna (91); Hulinska Yevheniia (85)

Für die deutsche Ausgabe:
Programmleitung Monika Schlitzer
Redaktionsleitung Anne Heinel
Projektbetreuung Doreen Wolff
Herstellungsleitung Dorothee Whittaker
Herstellungskoordination Franziska Creutzburg
Herstellung Stefanie Staat

Titel der französischen Originalausgabe:
Mini Coloriage Antistress: Fleurs & Bouquets

Der Originaltitel erschien 2014 in Frankreich
bei Hachette Livre (Marabout), Vanves Cedex.

ISBN 978-3-8310-4309-5

Druck und Bindung Polygraf, Slowakei

MIX
Aus verantwortungs-
vollen Quellen
FSC
www.fsc.org   FSC® C023577

www.dk-verlag.de

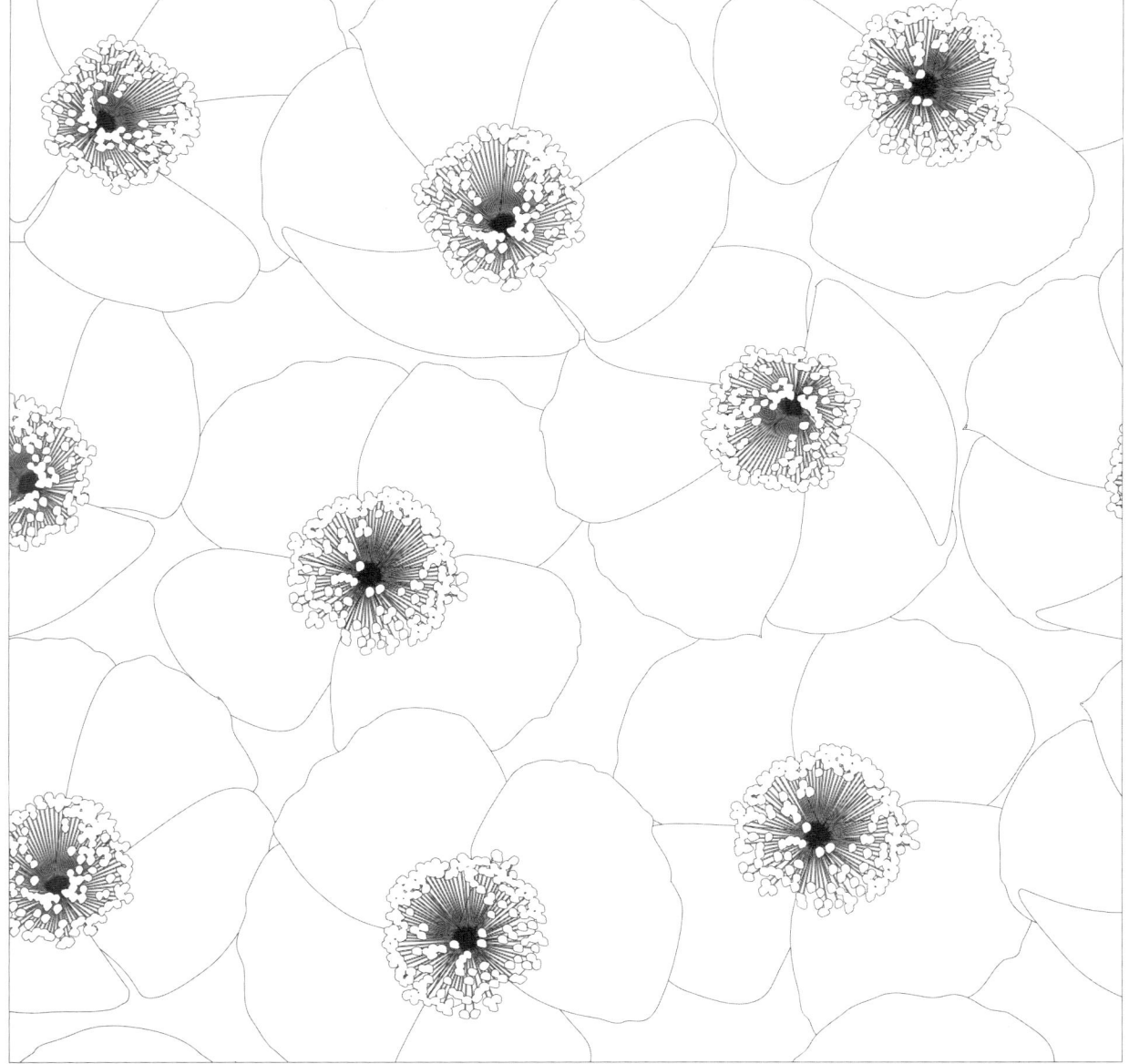